Bibliografische Information der Deutschen Nationalbibliothek:

Die Deutsche Bibliothek verzeichnet diese Publikation in der Deutschen National-
bibliografie; detaillierte bibliografische Daten sind im Internet über http://dnb.d-
nb.de/ abrufbar.

Impressum:

Copyright © 2009 GRIN Verlag, Open Publishing GmbH
Druck und Bindung: Books on Demand GmbH, Norderstedt Germany
ISBN: 9783640635467

Dieses Buch bei GRIN:

http://www.grin.com/de/e-book/151738/produkt-und-it-portfoliomanagement

Franz-Josef Lang

Produkt- und IT-Portfoliomanagement

GRIN Verlag

Produkt-Portfoliomanagement und IT-Portfoliomanagement

Referat
in dem Modul

IT-Strategie, -Planung und Controlling
an den
AKAD Privat-Hochschulen

vorgelegt von
Michael Lang

aus Neu-Ulm/ Pfuhl

Neu-Ulm, November 2009

Inhaltsverzeichnis

Kapitel 1

Einführung

„Business executives love to hate information technology.

An estimated 68% of corporate IT projects are neither on time nor on budget, and they

don't deliver the originally stated business goals."

(Auszug aus der Studie von Ingmar Leliveld und Mark Jeffery, MIT Sloan Management Review 45, Seite 1, 2004 [8].)

Mit dieser Einleitung stellen die beiden Autoren in ihrer Studie die gravierenden Fehlschläge von IT-Projekten in den letzten Jahren heraus. Allein zwischen 2002 und 2004 beziffert sich der durch gescheiterte IT-Projekte verursachte Schaden in amerikanischen Unternehmen auf 130 Milliarden Dollar.[1] Im Gegensatz dazu stiegen 2002 zeitgleich die Ausgaben für Informationstechnologie in den USA[2] auf 780 Millionen Dollar an.[3]

Angesichts dieser Entwicklung fragen sich viele Führungskräfte wie sie in Zeiten knapper werdender Budgets und intensiveren Wettbewerbs, die richtigen IT-Projekte auswählen und diese mit ihrer Unternehmensstrategie abgleichen können?

Nach Meinung von Wirtschaftsanalysten gibt IT-Portfoliomanagement Antworten auf diese Fragen.[4] Es ermöglicht die IT[5] eines Unternehmen ähnlich einem Finanzportfolio zu messen, zu kontrollieren und letztendlich anzupassen. Damit soll es möglich sein Fehlinvestitionen weitestgehend zu vermeiden und IT-Projekte an die Unternehmensstrategie auszurichten.[6]

Nach einer aktuellen Studie des Wirtschafts- und Beratungsunternehmens *KPMG*[7] sparen Unternehmen durch IT-Portfoliomanagement im Durschnitt 20% des Investitionsvolumens und bis zu 7% des IT-Budgets ein.[8]

---

[1] Vgl. [3], Seite 3.
[2] United States of America (USA)
[3] Vgl. [8], Seite 1.
[4] Vgl. [3], Seite 1.
[5] Information Technology (IT)
[6] Vgl. [8], Seite 1.
[7] Klynveld Peat Marwick Goerdeler (KPMG)
[8] Vgl. [9], Seite 1.

Es stellt sich jedoch die Frage, wie kann man mithilfe von Portfoliomanagement IT-Projekte objektiv miteinander vergleichen und damit Führungskräften eine transparente Basis für ihre Entscheidungen geben?

Um diese Frage zu beantworten werden im Rahmen dieser Arbeit im Kapitel 2 zuerst die Begriffe *Produkt-Portfolio* und *Produkt-Portfoliomanagement* definiert, bevor ab Abschnitt 2.2 auf das IT-Portfoliomanagement selbst eingegangen wird.

Im Abschnitt 3.1 werden die Rollen des Produkt- und IT-Portfoliomanagements im strategischen Management eingeordnet, um im Abschnitt 3.2 auf deren Aufgabenbereiche und Analysemethoden näher einzugehen.

Im Kapitel 4 werden die Vorteile sowie die methodischen Probleme des IT-Portfoliomanagements diskutiert. Zum Schluss werden die wichtigsten Erkenntnisse zusammengefasst und ein kurzer Ausblick gegeben.

Kapitel 2

Grundlagen

2.1 Grundlagen der Produkt-Portfoliotheorie

2.1.1 Produkt-Portfolio

Der Begriff *Portfolio* kommt aus dem Französischen *Portefeuille* und bezeichnet ein Behältnis zur Verwahrung von Wertpapieren.[1]

Übertragen auf die Betriebswirtschaftslehre stellt das Produkt-Portfolio die Gesamtheit der für ein Unternehmen oder einer SGE[2] relevanten Produkte dar.[3] Ein Produkt-Portfolio kann nach folgenden Abgrenzungs- bzw. Strukturierungskriterien erstellt werden (siehe Abbildung 2.1):

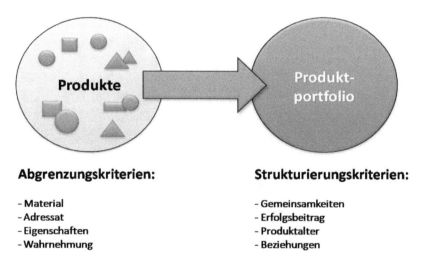

Abbildung 2.1: Gegenstand des Produkt-Portfoliomanagements, Vgl. [10], Seite 5.

---

[1]Vgl.[12], Seite 60.

[2]Eine strategische Geschäftseinheit, kurz SGE, ist ein Unternehmensbereich mit einer eigenständigen Leistungsmessung und Marktaufgabe (Vgl. [12], Seite 60).

[3]Vgl. [10], Seite 6.

2.1.2 Produkt-Portfoliomanagement

Die Portfoliotheorie hat ihren Ursprung in der Finanzwirtschaft. Eine besondere Rolle bei der Entwicklung der Portfoliotheorie spielten die Arbeiten von Markowitz in den 50er Jahren. In seiner *Portfolio-Selection-Theorie* geht Markowitz von einer für den Anleger optimalen Kombination von Wertpapieren aus. Dabei folgt er dem Grundsatz:

„Kombiniere eine Gruppe von Vermögenswerten so, dass für eine gegebene Gewinnrate das Risiko des Portfolios minimiert wird - oder umgekehrt, für ein gegebenes Risiko der erwartete Gesamtgewinn aus dem Portfolio maximiert wird.“[4]

Übertragen auf die Betriebswirtschaftslehre hat das Produkt-Portfoliomanagement als Ziel das Produkt-Portfolio eines Unternehmens oder einer SGE so zu kombinieren, dass die Ziele des Gesamtunternehmens in der kommenden Periode am besten erreicht werden können.[5] Dabei folgt das Produkt-Portfoliomanagement dem Grundsatz des *Strategischen Dreiecks.*[6]

Das Strategische Dreieck

Das *Strategische Dreieck* stellt das Spannungsverhältnis zwischen Kunde, Wettbewerb und dem eigenem Unternehmen dar (siehe Abbildung 2.2).

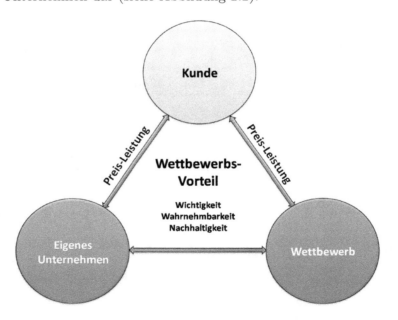

Abbildung 2.2: Wettbewerbsvorteil im Strategischen Dreieck, Vgl. [12], Seite 61.

---

[4]Vgl. [11], Seite 2.
[5]Vgl. [11], Seite 8.
[6]Vgl. [12], Seite 61.

Nach diesem Grundsatz muss ein Produkt in ein Portfolio aufgenommen und beibehalten werden, wenn es eine Vorteilsposition gegenüber dem Wettbewerber in Form der folgenden Punkte aufweist:[7]

- Das Produkt bzw. die Dienstleistung ist für den Kunden **wichtig**.

- Der Wettbewerbsvorteil ist für den Kunden **wahrnehmbar**.

- Der Wettbewerbsvorteil kann **nachhaltig** gestützt werden.

2.2 Grundlagen des IT-Portfoliomanagements

2.2.1 IT-Portfolio

Das IT-Portfolio beinhaltet die Gesamtheit aller Informationssysteme eines Unternehmens einschließlich alle zukünftigen internen IT-Projekte über einen mittelfristigen Planungszeitraum.[8]

2.2.2 IT-Portfoliomanagement

Das IT-Portfoliomanagement ist ein auf die IT angepasster strukturierter Managementansatz. Der Ansatz ermöglicht es IT-Projekte auf deren Nutzen und Risiken hin zu analysieren und zu bewerten. Das Ergebnis ist das IT-Portfolio, dass letztendlich effektiv und effizient an die Unternehmensziele angepasst werden kann.[9] Das IT-Portfoliomanagement lässt sich in die beiden Teilbereiche *IT-Portfolioplanung* und *IT-Portfoliosteuerung* aufgliedern:[10]

- **IT-Portfolioplanung:** Die IT-Portfolioplanung ist ein Teil des strategischen Managements und beinhaltet die Bewertung und Auswahl zukünftiger Wartungs - und IT-Projekte. Ziel ist letztendlich die Effektivität der IT-Investitionen sicherzustellen und gegebenenfalls an geänderte Rahmenbedingungen und Anforderung anzupassen.

- **IT-Portfoliosteuerung:** Die IT-Portfoliosteuerung ist ein Element des IT-Controlling[11] und hat die Aufgabe die ausgewählten IT-Projekte und Maßnahmen zu steuern und zu gestalten. Das Ziel ist eine effiziente Durchführung der Projekte.

---

[7]Vgl. [12], Seite 61.
[8]Vgl. [8], Seite 1.
[9]Vgl. [9], Seite 67.
[10]Vgl. [8], Seite 1.
[11]Das IT-Controlling plant, koordiniert und steuert die Informationstechnologie und ihre Aufgaben für die Optimierung der Geschäftsorganisation (Vgl. [9], Seite 33).

Kapitel 3

Portfoliomanagement

3.1 Rolle im strategischen Management

Um die Rolle des Portfoliomanagements im strategischen Management einordnen zu können müssen zuerst die Begriffe *Unternehmens-*, *IT-Ziel* sowie *Unternehmens-* und *IT-Strategie* definiert und deren Abhängigkeiten herausgestellt werden (siehe Abbildung 3.1):

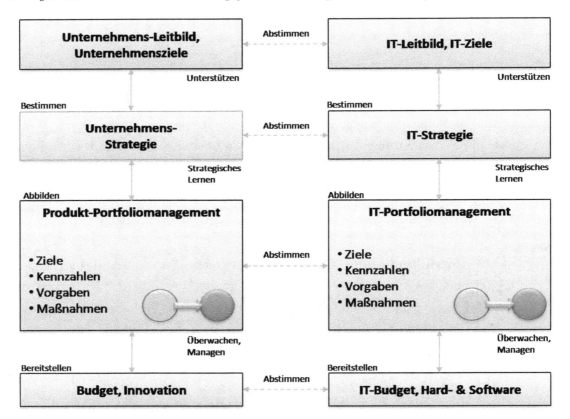

Abbildung 3.1: Rolle des Portfoliomanagements, Vgl. [4], Seite 72, angepasste Darstellung.

1. **Unternehmens- und IT-Ziele:** Ein Unternehmensziel ist abgeleitet von der Unternehmensvision. Es definiert einen in der Zukunft liegenden langfristig angestrebten Zustand eines Unternehmens. Ein IT-Ziel ist selbst von der IT-Vision abgeleitet und soll gleichzeitig an die Unternehmensziele ausgerichtet sein.

2. **Unternehmens- und IT-Strategie:** Die Unternehmens- bzw. IT-Strategie definiert wie ein Unternehmens- bzw. IT-Ziel erreicht werden soll.

3. **Produkt- und IT-Portfoliomanagement:** Das Produkt- und IT-Portfoliomanagement stellen sowohl Strategie- als auch Controlling-Instrumente des strategischen Managements dar. Sie sollen sicherstellen, dass sämtliche Investitionen an die Unternehmensziele ausgerichtet sind und optimal zu deren Erfüllung beitragen.[1]

In diesem Kontext stehen Produkt- und IT-Portfoliomanagement folglich in Wechselwirkung zwischen Unternehmenszielen und -strategien. Zum einen müssen sie an diese angepasst werden. Zum anderen stellen sie selbst in Form ihrer Ergebnisse die Grundlage für zukünftige Unternehmensentscheidungen dar.

Anhand dieser Tatsache kann das Produkt- und IT-Portfoliomanagement anhand Abbildung 3.1 in das strategische Management eingeordnet werden.[2]

---

[1]Vgl. [4], Seite 315.
[2]Vgl. [4], Seite 72.

3.2 Produkt-Portfoliomanagement

3.2.1 Aufgabenbereiche

Aufgrund der im Abschnitt 3.1 definierten Rolle des Produkt-Portfoliomanagements als Strategie und Controlling-Instrument lassen sich daraus insgesamt vier Aufgabenbereiche für das Produkt-Portfoliomanagement ableiten (siehe Abbildung 3.2):[3]

Abbildung 3.2: Aufgabenbereiche des Produkt-Portfoliomanagements, Vgl. [10], Seite 7.

1. **Festlegung der Ziele und der strategischen Ausrichtung:** Dieser Aufgabenbereich beschäftigt sich mit der Ausrichtung des Produkt-Portfoliomanagements in Abstimmung mit den Unternehmenszielen. Grundsätzlich lassen sich vier unterschiedliche strategische Schwerpunkte identifizieren:

   - **Ergebnisorientierung:** Das Ziel ist ein langfristig ausgeglichenes Portfolio mit stabilen Wachstumsraten.

   - **Marktorientierung:** Das Ziel ist die Bedürfnisse der aktuellen und potentiellen Kunden zu befriedigen.

   - **Technologieorientierung:** Das Ziel ist es das Potential neuer Technologien zu identifizieren und in das Portfolio aufzunehmen.

   - **Kompetenzorientierung:** Das Ziel ist das Portfolio auf das Kerngeschäft zu fokussieren.

2. **Gestaltung der Kernprozesse:** Ein zielorientiertes und systematisches Produkt-Portfoliomanagement beinhaltet nach [10] drei Kernprozesse:

---

[3]Vgl. [10], ab Seite 7.

- **Aufnahme neuer Produkte:** Die Aufnahme neuer Produkte beinhaltet vor allem Methoden zur Auswahl von Innovationsprojekten.

- **Optimierung des Portfolios:** Die Optimierung des Portfolios beschäftigt sich mit der Identifizierung und Nutzung von Synergieeffekten.

- **Eliminierung alter Produkte:** Die Produkteliminierung dient der strategiekonformen Bereinigung des Portfolios.

3. **Einsatz von Kennzahlen und Methoden:** Als Entscheidungsunterstützung für Ziele und Strategien dienen Kennzahlen und Methoden:

   - **Kennzahlen:** Zur Umsetzung von Zielen und Strategien bedarf es konkrete ökonomische Kennzahlen. Die Schwierigkeit liegt in der Wahl der richtigen Kennzahlen. Die am häufigsten genutzten Kennzahlen sind *Key Performance Indicators* wie *NPV*[4] oder *ECV*[5].

   - **Methoden:** Methoden setzen Kennzahlen in einfachen Modellen zueinander in Beziehung. Meistens handelt es sich um zweiachsige Darstellungen, die entscheidungsrelevante Kennzahlen gegenüberstellen. Eine Darstellungsform ist die *Boston Consulting Group Matrix*, die im Abschnitt 3.2.2 vorgestellt wird.

4. **Verankerung in der Organisation:** Dieser Aufgabenbereich beschäftigt sich mit der organisatorischen Verankerung des Produkt-Portfoliomanagaments im Unternehmen. Dies beinhaltet zum Beispiel die Einbindung des Produkt-Portfoliomanagements in die Aufbauorganisation des Unternehmens sowie die damit verbundene Aufgabenaufteilung.

3.2.2 Analysemethoden

Im strategischen Management werden eine Reihe verschiedener Portfoliomethoden verwendet. Der Kernansatz aller Portfoliomethoden besteht darin, das eigene Unternehmen in einer umfeldbezogenen (Chancen/ Risiken) und einer internen (Stärken/ Schwächen) Dimension zu visualisieren.[6]
Im Folgenden wird das Konzept der *Boston Consulting Group* vorgestellt. Am Ende des Abschnitts werden weitere wichtige Analysemethoden angesprochen und auf die weiterführende Literatur verwiesen.

---

[4]Der *Net Present Value*, kurz *NPV*, ist eine Finanzkennzahl, die zukünftige Kapitalerträge einer Investition auf deren Gegenwartswert abzinst (Vgl. [3]).

[5]Der *Expected Commercial Value*, kurz *ECV*, ist eine Profitabilitätskennzahl zur Projektbewertung. Er basiert auf dem *Net Present Value*, erweitert ihn aber um Risiko- und Entwicklungsfaktoren (Vgl. [5]).

[6]Vgl. [12], Seite 62.

Marktanteils-Marktwachstums-Portfolio

Das von der *Boston Consulting Group* entwickelte Marktanteils-Marktwachstums-Portfolio basiert auf den Erkenntnissen des Produktlebenszyklusses und der Erfahrungswertkurve[7]. Das Modell gliedert sich daraufhin in zwei Achsen (siehe Abbildung: 3.3):[8]

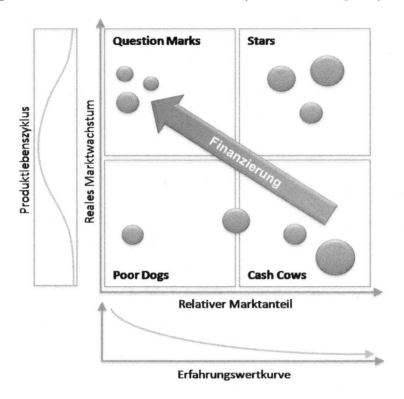

Abbildung 3.3: Marktanteils-Marktwachstums-Portfolio, Vgl. [12], Seite 63.

1. **Relative Marktanteil:** Auf der horizontalen Achse ist der relative Marktanteil abgebildet, der das Verhältnis des eigenen Produktes zum nächst größeren Wettbewerber darstellt. Es stellt die Stärke und Wettbewerbsposition eines Produktes heraus.

2. **Reales Marktwachstum:** Die vertikale Achse stellt das reale Marktwachstum eines Produktes auf der Basis des Produktlebenszyklusses dar.

Aufgrund dieser Tatsache lässt sich eine Matrix mit vier Feldern ableiten, in der die Produkte eines Portfolios eingruppiert werden:

---

[7]Die Erfahrungswertkurve besagt, dass die realen Stückkosten eines Produkts jeweils um einen konstante Betrag sinken, sobald sich die kumulierte Produktionsmenge verdoppelt (Vgl. [12], Seite 62.).
[8]Vgl. [11], Seite 9.

- **Question Marks:** versprechen ein hohes Wachstum. Sie haben aber zunächst einen geringen Marktanteil und benötigen finanzielle Ressourcen um ihren Marktanteil auf eine kritische Größe weiterzuentwickeln.

- **Stars:** weisen hohes Wachstum und eine führende Markposition auf. Sie erzeugen und benötigen üblicherweise große finanzielle Ressourcen und erwirtschaften eine überdurchschnittliche Rendite.

- **Cash Cows:** weisen ein mäßiges Wachstum auf und erwirtschaften einen hohen Überschuss an Finanzmitteln.

- **Poor Dogs:** operieren in stagnierenden oder schrumpfenden Märkten. Sie haben eine mäßige bis schwache Marktposition und verursachen Verluste.

Für das strategische Management lassen sich daraus Normstrategien herleiten. Im Allgemeinen kann zwischen Wachstumsstrategien (*Question Marks*), Sicherungsstrategien (*Stars*), Abschöpfungsstrategien (*Cash Cows*), und Desinvestitionsstrategien (*Poor Dogs*) unterschieden werden.[9]

Wichtige Portfolio-Konzepte

Weitere wichtige Portfolio-Konzepte des Produkt-Portfoliomanagements sind:

1. **McKinsey Portfoliomatrix:** Die *McKinsey-Portfoliomatrix* ist der *Boston Consulting Group Matrix* sehr ähnlich. Sie verwendet jedoch die Kennzahlen *Marktattraktivität* und *Wettbewerbsstärke*, die sie in eine Neun-Felder Matrix auftragen. Für nähere Informationen zur *McKinsey Portfoliomatrix* siehe [10], ab Seite 113.

2. **Produktlebenszyklus-Wettbewerbspositions-Portfolio:** Das von der Beratungsgesellschaft *Arthur D. Little* entwickelte Konzept stellt den *Produktlebenszyklus* der *Wettbewerbsposition* eines Produktes gegenüber. Näheres zu diesem Analyseinstrument findet man in [12], ab Seite 64.

3. **Dynamisches Markt-, Technologie und Ökologie-Portfolio:** Das von Herrn Hahn entwickelte Konzept zielt auf eine ganzheitliche Portfolioanalyse ab, in der ein Produkt hinsichtlich seiner *markt-*, *technologie-* und *ökologischen* Aspekte untersucht wird. Das Modell wird unter [10], ab Seite 116 beschrieben.

---

[9]Vgl. [12], Seite 63

3.3 IT-Portfoliomanagement

3.3.1 Kernaufgaben und Analysemethoden

Das IT-Portfoliomanagement ist ein speziell auf die IT ausgerichteter Managementansatz, der die Verwaltung aller Informationssysteme eines Unternehmens beinhaltet. Aus diesem Grund erstrecken sich seine Aufgaben auf die beiden Kernbereiche *IT-Portfolioplanung* und *IT-Portfoliosteuerung* mit den darin enthaltenen Methoden (siehe Abbildung 3.4):

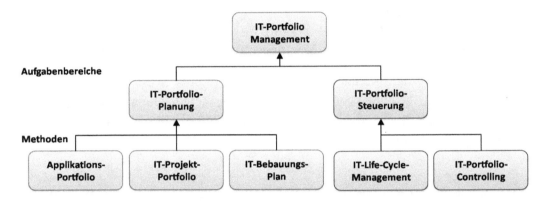

Abbildung 3.4: Aufgabenbereiche des IT-Portfoliomanagements, eigene Darstellung.

IT-Portfolioplanung

Die IT-Portfolioplanung ist verantwortlich für die Bewertung und Auswahl zukünftiger Wartungs- und IT-Projekte.[10] Sie umfasst deshalb die Methoden *IT-Projektportfolio, Applikationsportfolio* und den *IT-Bebauungsplan.*

1. **IT-Projektportfolio:**

   Das IT-Projektportfolio ist ein Planungsinstrument, dass direkt von der IT-Strategie abgeleitet wird. Es beinhaltet alle zukünftigen IT-Projekte mit deren Hilfe der angestrebte Sollzustand der IT-Architektur eines Unternehmens erreicht werden soll. Ausgangspunkt eines IT-Projektportfolios ist die Auswahl und Gewichtung von Kennzahlen, mit denen IT-Projekte auf deren Nutzen und Risiken analysiert und bewertet werden.[11] Auswahlkriterien für IT-Projekte orientieren sich am *ROI*[12] und dem *Beitrag zur Erreichung der Unternehmensstrategie.*[13]

---

[10]Vgl. [8], Seite 1.
[11]Vgl. [4], Seite 67.
[12]*Return on Investment*, kurz *ROI*, ist eine Kennzahl zur Analyse der Rentabilität eines Unternehmens.
[13]Vgl. [2], Seite 132.

Ein mögliches Ergebnis einer IT-Portfolioanalyse ist in Abbildung 3.5 dargestellt.

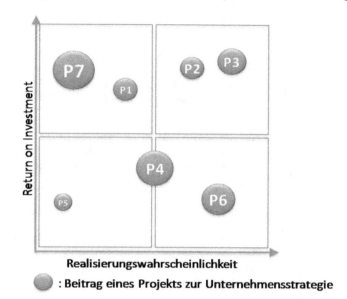

Abbildung 3.5: IT-Portfolio, Vgl. [2], Seite 133.

Das Modell setzt neben den Kennzahlen *ROI* und *Beitrag zur Unternehmensstrate-gie* auch die *Realisierungswahrscheinlichkeit* mit in Beziehung. Vor dem Hintergrund der großen Anzahl gescheiterter IT-Projekte ist es sinnvoll mithilfe der *Realisierungs-wahrscheinlichkeit* das Projektrisiko in einem Portfolio mit zu berücksichtigen und damit eine differenziertere Projektauswahl zu ermöglichen.[14]

2. **Applikationsportfolio:**
   Während das IT-Projektportfolio für die Auswahl zukünftiger IT-Projekte verwendet wird, wird das Applikationsportfolio für die Anpassung bestehender Anwendungen an die Ziele des Unternehmens eingesetzt. Nach Aussage von [4] wird dem Applikati-onsportfoliomanagement dabei eine wichtigere Rolle als dem IT-Projektportfoliomanagement zugeschrieben, weil im Durchschnitt rund 80% des IT-Budgets in Unternehmen für die Pflege vorhandener IT-Systeme eingesetzt werden.[15] Das Applikationsportfolio ermöglicht es bestehende Applikationen[16] anhand kritischer Erfolgsfaktoren für das Unternehmen zu kategorisieren. Darauf aufbauend können in einem nächsten Schritt Normstrategien abgeleitet werden.[17]

---

[14]Vgl. [7], Seite 1.

[15]Vgl. [9], Seite 60.

[16]Applikationen umfassen alle wesentlichen Anwendungssysteme eines Unternehmens mit ihren funktio-nalen Zusammenhängen und Methoden der Anwendungsentwicklung (Vgl.[4], Seite 59).

[17]Vgl. [4], Seite 55.

Durch eine Überlagerung eines Applikationsportfolios mit der *Boston Consulting Group Matrix* können folgende Handlungsempfehlungen für jede der vier Applikationsfelder gegeben werden (siehe Abbildung 3.6):[18]

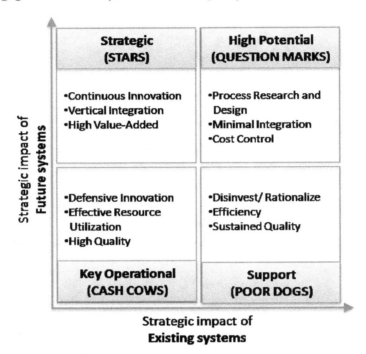

Abbildung 3.6: Überlagerung Applikationsportfolio und BCG-Matrix, Vgl. [4], Seite 56.

- **High Potentials:** entsprechen den *Question Marks* der *BCG-Matrix* und können für den späteren Unternehmenserfolg von Bedeutung sein. Sie besitzen eine hohe Erfolgsunsicherheit und damit ein hohes Projektrisiko. Aus diesem Grund sollten diese Applikationen in Form von Pilotprojekten auf deren konkreten Nutzen untersucht sowie klare Budget- und Zeitgrenzen gesetzt werden. Ziel ist es lohnende *High Potentials* in den *Strategic* Quadranten zu überführen.

- **Strategic:** entsprechen den *Stars* der *BCG-Matrix*. Sie sind entscheidend für die IT-Unterstützung zukünftiger Geschäftsstrategien. Das Primärziel muss sein, diese Systeme wegen ihrer einfachen Kopierbarkeit weiterzuentwickeln. Bei zu hohen Investitionskosten ist als Alternativstrategie eine Überleitung der Applikation in den Bereich *Key Operational* möglich.

- **Key Operational:** entsprechen den *Cash Cows* der *BCG-Matrix*. In diesem Feld befinden sich alle Applikationen, die für den gegenwärtigen Unternehmenserfolg auf IT-Seite verantwortlich sind. Das Ziel ist eine Balance zwischen Wertbeitragserhaltung und einer langsamen Finanzmittelreduzierung.

---

[18]Vgl. [4], ab Seite 56.

- **Support:** entsprechen den *Poor Dogs* der *BCG-Matrix* und sind nicht entscheidend für die Zukunft des Unternehmens. Support-Systeme können anhand finanzieller Kriterien untersucht werden, ob diese durch kostengünstigere Systemen von Fremdanbietern ersetzt werden können.

3. **IT-Bebauungsplan:**

   Der IT-Bebauungsplan ist eine zum Applikations- und IT-Projektportfolio ergänzende Methode. Das Modell stellt alle vorhandenen und zukünftigen IT-Systeme in ein zeitliches Raster und weist organisatorische und fachlichen Beziehungen zwischen den Systemen auf.[19] Ein IT-Bebauungsplan gliedert sich in nach [8] in drei Teilbereiche (siehe Abbildung 3.7):[20]

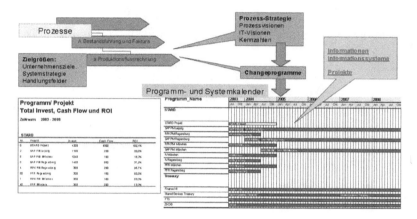

Abbildung 3.7: Elemente eines IT-Bebauungsplans, Vgl. [8], Seite 4.

- **Prozess- und Systemlandkarte:** Die Prozess- und Systemlandkarte stellt die Geschäftsprozesse mit den dazugehörigen IT-Systemen dar. Anhand dieser Darstellung können Veränderungen der Prozess- und Systemlandschaft verdeutlicht werden.

- **Programm- und Systemkalender:** Der Programm- und Systemkalender veranschaulicht die Projektphasen vorhandener und zukünftiger IT-Systeme anhand eines Zeitstrahls. Dadurch kann der Übergang von der Ist- zum Soll-IT-Portfolio sichtbar gemacht werden.

- **Konzernweiter IT-Bebauungsplan:** Das konzernweite Bebauungsraster gibt einen Überblick darüber, welche Geschäftsprozesse mit welchen Informationssystemen an den jeweiligen Standorten realisiert sind bzw. werden. Er kann für standortübergreifende Standardisierungs- bzw. Synergiemaßnahmen eingesetzt werden.

---

[19]Vgl.[9], Seite 155.
[20]Vgl. [8], Seite 3.

IT-Portfoliosteuerung

Neben effektiven Methoden der Portfolioplanung benötigt ein funktionierendes IT-Portfolio-management auch eine effiziente Durchführung der Bewertungsprozesse selbst.[21] Das *Life-Cycle-Modell* stellt angelehnt an den *Deming-Zyklus*[22] einen standardisierten Bewertungs-prozess dar, der die Prozesse der Projektlenkung und -steuerung in Form des IT-Controllings beinhaltet. Das *Life-Cylce-Modell* umfasst folgende fünf Phasen (siehe Abbildung 3.8):[23]

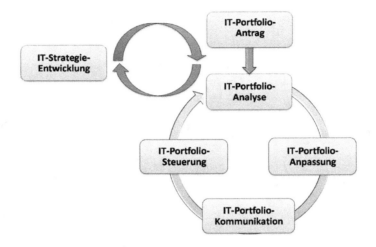

Abbildung 3.8: IT-Projektlenkung als *Life-Cycle-Modell*, Vgl. [2], Seite 130.

1. **IT-Projektantrag-Einreichung:** Eingereichte IT-Projektanträge für Neu- und War-tungsprojekte werden mit der IT-Strategie und dem IT-Portfolio abgeglichen. Die Aufnahme geeigneter IT-Projekte in das Portfolio wird anhand gewichteter Entschei-dungskriterien wie beispielsweise denen in Abbildung A.1 durchgeführt.

2. **IT-Portfolioanalyse und -anpassung:** Die Auswahl eines IT-Projekts aus dem Portfolio wird mithilfe der in Abschnitt 3.3.1 vorgestellten Methoden getroffen. Die ausgewählten Kennzahlen und deren Gewichtung orientieren sich immer an der IT-Strategie und werden periodisch angeglichen.

3. **IT-Portfolio-Kommunikation:** Das Ergebnis der IT-Portfolioanalyse wird trans-parent an alle Beteiligten kommuniziert und anhand der ausgewählten Kennzahlen begründet.

4. **IT-Portfolio-Steuerung:** Das ausgewählte IT-Projekt wird durchgeführt und dy-namisch an eine sich ändernde IT-Strategie angeglichen.

---

[21]Vgl. [8], Seite 1.

[22]Der nach dem Erfinder benannte *Deming-Zyklus* ist ein Modell, dass sich in die vier Phasen *Plan Do Check Act* gliedert. Das Modell strebt eine kontinuierliche Prozessverbesserung an (Vgl. [1], Seite 47.)

[23]Vgl. [2], Seite 130.

3.3.2 Reifegradmodell des IT-Portfoliomanagements

Nach einer Studie im *MIT Sloan Management Review* bestätigen 89% der befragten Führungskräfte, dass das IT-Portfoliomanagement einen wichtigen Teil zum Unternehmenswert beiträgt. Im Gegensatz dazu wollen nur 17% von ihnen ein IT-Portfolio in seinem vollen Umfang realisieren.[24]

Das größte Hindernis sehen die Forscher des *MIT*[25] weder in den falschen Kennzahlen noch dem fehlenden Verständnis - oft ist es die falsche Implementierung des Ansatzes selbst.[26] Aus diesem Grund fordern sie eine schrittweise Einführung des IT-Portfoliomanagements, dass sie in dem *IT Portfolio Management Maturity Model* niedergeschrieben haben.[27]

Das *IT Portfolio Management Maturity Model* versteht das IT-Portfoliomanagement als einen iterativen Prozess, der aus den drei Reifephasen *Defined*, *Managed* und *Optimized* besteht (siehe Abbildung 3.9). Das Modell soll Unternehmen dabei helfen:

- Die Einführung eines IT-Portfoliomanagement anhand *Best Practice* Methoden zu erleichtern.

- Das IT-Portfoliomanagement zu bewerten um es mit anderen Unternehmen vergleichen zu können.

- Optimierung des IT-Portfoliomanagements in Abhängigkeit des Reifegrades.

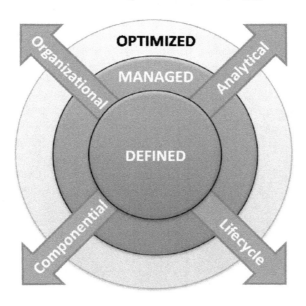

Abbildung 3.9: *IT Portfolio Management Maturity Model*, Vgl. [6], Seite 10.

---

[24]Vgl. [7], Seite 42.
[25]Massachusetts Institute of Technology
[26]Vgl. [6], Seite 2.
[27]Vgl. [7], ab Seite 42.

Ein Auszug aus dem Bewertungsbogen zur Ermittlung des Reifegrades des IT-Portfolio-managements ist in Abbildung B.1 dargestellt. Die Kernmerkmale der einzelnen Reifegrade sind folgende:

1. **Stufe - *Defined*:** Unternehmen in dieser Phase haben die wichtigsten Komponenten ihres IT-Portfolios definiert. Sie kennen den Nutzen und die Kosten eines jeden IT-Systems. Desweiteren verfügt die IT-Abteilung über standardisierte Methoden für die Entwicklung und Priorisierung von IT-Investitionen. Es fehlt dem IT-Portfolio jedoch ein zyklischer Bewertungsprozess sowie eine Berechnung der tatsächlichen Rendite einer IT-Maßnahme.

2. **Stufe - *Managed*:** In der Stufe *Managed* ist eine periodische IT-Portfoliobewertung in dem Unternehmen etabliert. Neue IT-Initiativen können über deren realisierten Mehrwert in Form von *ROI* oder *NPV* mit Projekten aus der Vergangenheit verglichen werden. Daneben arbeiten Führungskräfte Hand in Hand mit der IT-Abteilung zusammen.

3. **Stufe - *Optimized*:** IT-Teams in dieser Stufe zeichnen sich durch ihre Fähigkeit aus, das IT-Portfolio über den gesamten Lebenszyklus eines jeden IT-Projekts auszubalancieren und zu optimieren. Darüber hinaus besitzen sie verfeinerte Bewertungsmethoden in denen sie auch Projektrisiken mit einbeziehen. Desweiteren ermöglichen sie eine dynamische Anpassung des IT-Portfolios an die Unternehmensstrategie, indem sie es im Rahmen des *Life-Cycle-Modells*[28] periodisch angleichen.

---

[28]Vgl. 3.3.1

Kapitel 4

Diskussion

Der vorherige Abschnitt befasste sich mit den Aufgaben und Methoden des IT-Portfoliomanagements. Im folgenden Abschnitt werden die wichtigsten Vorteile sowie methodische Probleme des IT-Portfoliomanagements diskutiert.

4.1 Vorteile des IT-Portfoliomanagements

1. **Alignment und Enabling:** Das Portfoliomanagement ermöglicht anhand des *Life-Cycle-Modells* einen periodischen Abgleich des IT-Portfolios an die Unternehmensstrategie (*Alignment*). Dadurch wird zum einen eine bessere Anpassung der IT an die Anforderung des Unternehmens erreicht.[1] Zum anderen gibt ein IT-Portfolio die Möglichkeiten der IT-Landschaft wieder, mit denen bestimmte Unternehmensziele erst erreicht werden können (*Enabling*).

2. **Performance-Messung und Steuerung:** Das IT-Portfoliomanagement ermöglicht eine bessere Diagnose und Kontrolle über den Wert der IT für das Unternehmen. Desweiteren kann mithilfe einer Fakten und Kennzahlen basierten Projektsteuerung Fehlentwicklungen schneller erkannt und behoben werden. Das *IT Portfolio Management Maturity Model* ermöglicht die Stärken und Schwächen des eigenen Portfoliomanagements aufzuzeigen, zu verbessern und damit mit anderen Unternehmen zu vergleichen.[2]

3. **Effektivere Budgetplanung:** Durch ein funktionierendes IT-Portoliomanagement können IT-Kosten optimaler eingesetzt oder eingespart werden. Zum einen werden anhand der Portfolioergebnisse nur IT-Projekte realisiert, die einen angemessenen Mehrwert für das Unternehmen aufweisen. Zum anderen vermeidet eine effiziente IT-Portfoliosteuerung Fehlinvestitionen in Projekte, die nicht mit den Unternehmensstrategien vereinbar sind.[3]

---

[1]Vgl. [1], Seite 131.
[2]Vgl. [3], Seite 10.
[3]Vgl. [8], Seite 48.

4. **Einfache und verständliche Darstellung:** Die Portfoliomethoden verdichten Informationen der IT auf meist zwei bis drei wesentliche Bewertungskriterien, die sie in ein Portfolio miteinander in Beziehung setzen. Durch diese konzentrierte Darstellungsweise können IT-Projekte einfacher ausgewählt und Entscheidungen anhand der gegebenen Parameter objektiv begründet werden.[4]

5. **Verbesserung der Kommunikation zwischen IT und Management:** Eine IT-Abteilung kann mithilfe eines IT-Portfolios ihre IT-Maßnahmen objektiv begründen, anstatt diese lediglich einzufordern. Zum anderen ermöglicht ein IT-Portfolio dem Management Nutzen und Risiko eines jeden Projekts für das Unternehmen nachzuvollziehen. Dadurch wird eine bessere Kommunikation zwischen dem Management und der IT-Abteilung erreicht.[5]

4.2 Methodische Probleme des IT-Portfoliomanagements

1. **Einseitige Kennzahlenauswahl:** Die meisten Bewertungskriterien des IT-Portfoliomanagements basieren auf Finanzkennzahlen wie ROI oder *NPV*. Ökologische oder technische Faktoren spielen bei der Projektauswahl keine oder nur eine geringe Rolle. Zudem werden Faktoren wie die Kommunikation im Unternehmen oder ein Projektfehlschlag und dem damit verbundenen Risiko oft nicht berücksichtigt.[6]

2. **Unflexible Portfoliosteuerung:** Das vorgestellte *Life-Cycle-Modell* versucht IT-Portfoliokriterien von der IT-Strategie abzuleiten. Das dabei eingesetzte *Top-Down*-Konzept ist jedoch nicht für alle Unternehmen geeignet. Unternehmen, die schon eine IT-Architektur besitzen ist ein *Bottom-Up*-Ansatz zu bevorzugen. Dieser Ansatz sieht eine schrittweise Anpassung vor, anstatt die IT-Landschaft *top-down* von Grund auf neu zu gestalten.

3. **Zu einfache Analysemethoden:** Die Portfolioanalyse stellt meistens nur zwei bis drei Kennzahlen miteinander in Beziehung. Dadurch weist ein Portfoliomodell einen sehr geringen Detaillierungsgrad auf. Auf dieses Ergebnis sollen sich dann Entscheidungen des Managements stützen. Der geringe Detaillierungsgrad bewirkt zudem, dass die Auswahl anderer Kennzahlen bzw. Priorisierungen ein vollkommen anderes Ergebnis zur Folge haben kann.[7]

---

[4]Vgl. [6], Seite 18.
[5]Vgl. [3], Seite 4.
[6]Vgl. [6], Seite 20.
[7]Vgl. [6], Seite 19.

4. **Isolierte Projektbetrachtung:** Die Analysemethoden des IT-Portfoliomanagements vergleichen IT-Projekte getrennt voneinander. Abhängigkeiten zwischen IT-Projekten oder mögliche Synergieeffekte werden nicht in die Bewertung mit einbezogen.

Kapitel 5

Zusammenfassung und Ausblick

Die Übertragung des Portfoliokonzepts aus der Finanzwirtschaft auf die IT eines Unternehmens hat einen entscheidenden Beitrag zur Verbesserung der strategischen Unternehmensplanung geleistet. Um die Bedeutung des IT-Portfoliomanagements zu verdeutlichen wurde deshalb zu Beginn des 3. Kapitels dessen Rolle im strategischen Management eingeordnet. Nach den Aufgaben und Methoden des Produktportfoliokonzepts selbst wurden die Kerneigenschaften des IT-Portfoliomanagements im Abschnitt 3.3 beschrieben.

Dabei wurde deutlich, dass durch die Kombination von *IT-Projektportfolio*, *IT-Applikationsportfolio* und *IT-Bebauungsplan* eine systematische Auswahl und Steuerung vorhandener und zukünftiger IT-Systeme realisiert werden kann. Daneben wird es IT-Abteilungen durch die Portfoliodarstellung ermöglicht, ihre IT-Projekte zu bewerten und ihre Vorschläge dem Management verständlich zu begründen. Zusätzlich zu der IT-Portfolioplanung wird durch die IT-Portfoliosteuerung eine effiziente Durchführung der Bewertungsprozesse in Form des *Life-Cycle-Modells* sichergestellt. Mithilfe des IT-Portfolio Reifegradmodells wird Unternehmen zudem eine schrittweise Implementierung des IT-Portfoliomanagements sowie *Best Practice* Methoden an die Hand gegeben.

Trotz der dargelegten Vorteile dürfen die im Kapitel *Diskussion* erläuterten methodischen Probleme des IT-Portfoliomanagements nicht außer Acht gelassen werden. Durch den geringen Detaillierungsgrad der Portfoliomodelle können aufgrund ungeeigneter Kennzahlen die falschen IT-Projekte ausgewählt werden. Desweiteren werden Projektabhängigkeiten oder Synergieeffekte nicht in die Bewertung mit einbezogen.

Letztendlich ist jedoch das IT-Portfoliomanagement unter Berücksichtigung seiner Nachteile eine wertvolle Ergänzung zu den übrigen Methoden des strategischen Managements oder wie es Laura Scott, CIO bei *Carpenter Technology* zusammenfasst:

„The portfolio perspective helps people understand what we have and why we need to change.“

(Zitat von Laura Scott, CIO, Carpenter Technology, Vgl. [3], Seite 4.)

Abkürzungsverzeichnis

BCG   Boston Consulting Group

CIO   Chief Information Officer

ECV   Expected Commercial Value

IT   Information Technology

KPI   Key Performance Indicator

KPMG   Klynveld Peat Marwick Goerdeler

MIT   Massachusetts Institute of Technology

NPV   Net Present Value

ROI   Return on Investment

SGE   Strategische Geschäftseinheit

USA   United States of America

Abbildungsverzeichnis

Literaturverzeichnis

[1]   Prof. Dr. Berning, Ralf:
        Prozessorientierte Organisation - Prozessorientierte Organisationskonzepte und
        Business Process Management
        AKAD GmbH, 2007.

[2]   Gadatsch, Andreas und Mayer, Eimar:
        Masterkurs IT-Controlling, 3. Auflage,
        Vieweg Verlag, Wiesbaden, April 2006.

[3]   Dr. Hagen, Stefan:
        Net Present Value (NPV) - Wirtschaftlichkeit von Projekten berechnen,
        `http://pm-blog.com/2007/09/23/net-present-value-npv-wirtschaftlichkeit\`
        `-von-projekten-berechnen`, 16.11.2009.

[4]   Hofmann, Jürgen und Schmidt, Werner (Hrsg.):
        Masterkurs IT-Management, 1. Auflage,
        Vieweg Verlag, Wiesbaden, Juli 2007.

[5]   Prof. Dr. König, Manfred:
        Innovationsmanagement,
        `http://www.fh-lu.de/kompetenzzentrum/dokumente/upload/`
        `2Innovationsmanagement.pdf`, 17.11.2009.

[6]   Leliveld, Ingmar und Jeffery, Mark:
        IT Portfolio Management Challenges and Best Practices,
        `http://www.kellogg.northwestern.edu/faculty/jeffery/htm/`
        `publication/ITPM_Study.pdf`, 7.11.2009.

[7]   Leliveld, Ingmar und Jeffery, Mark:
        Best Practices in IT Portfolio Management,
        `http://sloanreview.mit.edu/the-magazine/articles/2004/spring/45309/`
        `best-practices-in-it-portfolio-management`, 9.11.2009.

[8]   Dr. Muchowski, Eugen:
        Strategien und Instrumente für das IT-Portfoliomanagement,
        `http://www.businessdesign.de/IT_Portfolio.pdf`, 15.11.2009.

[9]   Niemann, Klaus D.:
        Von der Unternehmensarchitektur zur IT-Governance, 1. Auflage,
        Vieweg Verlag, Wiesbaden, Oktober 2005.

[10]   Schmahl, Christian M. und Gleich, Roland (Hrsg.):
        Produktportfoliomanagement, 1. Auflage,
        HARLAND media Verlag, Lichtenberg, August 2009.

[11]   Turezkiy, Irene:
        Produktportfolio als Controllinginstrument, 1. Auflage,
        Grin Verlag, München, Mai 2009.

[12]   Wittmann, Robert G., Reuter, Matthias und Magerl, Renate:
        Unternehmensstrategie und Businessplan, 2. Auflage,
        Redline Verlag, München, Juli 2007.

Anhang A

IT-Portfoliosteuerung

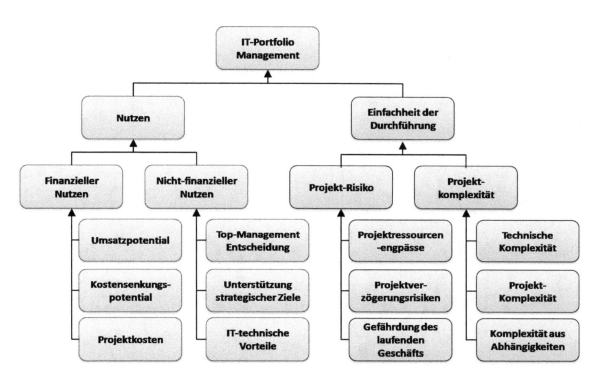

Abbildung A.1: Priorisierung von IT-Projekten, Vgl. [2], Seite 131.

Anhang B

IT Portfolio Management Maturity Model

Factor	Maturity Stage		
	Defined	Managed	Synchronized
Advanced Valuation			Inclusion of qualitative option value in funding decisions; monitoring of project's earned value in deployment.
Feedback Mechanism			Feedback on IT alignment with strategy — score cards evaluate each project.
Benefits Measurement			Tracking of project benefits after project development is complete; measurement of IT value through the full project life cycle.
Active Portfolio Management			Understanding of risk and return — portfolio weighted accordingly.
Strategic Alignment		Annual review sessions between business-unit heads and IT to discuss IT and strategy alignment.	Frequent review sessions with business unit to discuss strategy alignment (quarterly or monthly).
Financial Metrics		Use of financial metrics in prioritizing: NPV, ROI, IRR.	
Demand Management		Well-defined scheme for screening, categorizing and prioritizing projects; portfolio-management approach to rank projects for investments.	
Centralization	All projects in one database; all IT spending tracked centrally and rolled into one database; centralized project office monitors projects.		Use of portfolio software — real-time updates on portfolio modifications, performance and health.
Standardization	Applications and infrastructure are well defined and documented.	IT portfolio segmented by asset classes — for example, infrastructure, strategic projects.	

Abbildung B.1: Auszug aus dem Bewertungsbogen des *IT Portfolio Management Maturity Model*, Vgl. [7], Seite 43.